Angela Rückschloß

WÜRZBURG

Bewegte Zeiten – Die 50er Jahre

Wartberg Verlag

Fotonachweis:
Bildstelle Stadtbauamt Würzburg: S. 10, 15; Hans Heer, Würzburg: S. 8, 9, 14, 23, 29, 50, 62, 67;
Georg Mench, Würzburg: S. 27, 38, 60, 61; Hans Metzger, Röttingen: S. 30, 31, 32;
Walter Röder, Würzburg: S. 5, 7, 11, 12, 13, 16, 17, 18, 19, 20, 21, 22, 25, 26, 28, 33, 34, 37, 39, 40, 41, 42, 44, 45, 46, 48, 49, 52, 53, 54, 55, 56, 59, 63, 64, 65, 68 links, 68 rechts, 69;
Stadtarchiv Würzburg: S. 4, 6, 24, 35, 36, 36/37 Mitte, 40/41 Mitte, 43, 51, 57, 58, 70, 71.

1. Auflage 1996

Druck: Bernecker, Melsungen
Buchbinderische Verarbeitung: Hollmann, Darmstadt

34281 Gudensberg-Gleichen, Im Wiesental 1, Tel. 05603/4451 u. 2030
ISBN 3-86134-318-5

Vorwort

Nach dem verheerenden Bombenangriff am 16. März 1945 zählte Würzburg zu den am meisten zerstörten Städten Deutschlands. Im gesamten Stadtgebiet waren etwa 85 Prozent des Gebäudebestandes vernichtet. Über 5 000 Menschen hatten durch den Luftangriff den Tod gefunden, 90 Prozent der Bevölkerung waren obdachlos geworden.

In vielen kleinen und mühsamen Schritten vollzog sich der Wieder- und Neuaufbau der bereits totgesagten Stadt. Der Leitspruch „Würzburgs Wille zum Leben ist stärker als Tod und Zerstörung" bewährte sich dank außerordentlicher Anstrengung aller Bürger.

In der unmittelbaren Nachkriegszeit hatten zunächst die Trümmerräumung und die Versorgung der Bevölkerung oberste Priorität. Die erste Aufbauphase war gekennzeichnet durch einen für die Nachgeborenen unvorstellbaren Mangel an allem Lebensnotwendigen, an der Versorgung mit Lebensmitteln, an Fachkräften, an Baumaterial, nicht zuletzt auch an einschlägigen gesetzlichen Bestimmungen. Erst das Jahr 1948 brachte mit der Währungsreform die Wende.

Mit dem Amtsantritt von Oberbürgermeister Dr. Franz Stadelmayer am 1. Juli 1949 begann eine neue Phase in der Nachkriegsgeschichte der Stadt Würzburg. Das im Jahr zuvor neu gebildete Stadtplanungsamt legte den ersten offiziellen Aufbauplan für die Innenstadt vor. Im selben Jahr setzte ein beispielloser Bauboom ein, so daß statistisch gesehen Würzburg im Vergleich mit den anderen deutschen Großstädten zwischen 1950 und 1961 den höchsten prozentualen Zuwachs an Wohnraum verzeichnen konnte.

Der teilweise nicht unumstrittene Wiederaufbau kann aus heutiger Sicht angemessen beurteilt werden. Dem dringenden Bedürfnis, für die zurückkehrende Bevölkerung Wohnraum zu schaffen, mußten verständlicherweise historische, denkmalpflegerische und ästhetische Gesichtspunkte untergeordnet werden. Der Abbruch vieler Ruinen dominierte zunächst über die historische Rekonstruktion: So manche aufbaufähige Fassade fiel dem Bagger und der Abrißbirne zum Opfer. Dennoch ist eine imponierende Aufbauleistung der Stadtverwaltung in Gemeinschaft mit den Würzburger Bürgern zu würdigen, durch die bereits in den 50er Jahren wieder ein lebenswertes Dasein ermöglicht wurde.

In dem vorliegenden Bildband werden dem Betrachter Momentaufnahmen des wiedererwachenden Lebens in der im Aufbau begriffenen Stadt gezeigt. Ein neues Lebensgefühl, das vom Glauben an Fortschritt und Wohlstand geprägt war, wird sichtbar. Ein Wirtschaftsaufschwung, der bislang nicht für möglich gehalten wurde, erfaßte alle Bevölkerungsschichten. Würzburg entstand neu.

Für die Unterstützung bei der Konzipierung des Bandes danke ich Herrn Dr. Ulrich Wagner, dem Leiter des Stadtarchivs Würzburg, der mich bei der Auswahl und Auswertung des Bildmaterials mit großer Sachkenntnis beraten hat. Danken möchte ich auch Herrn Oberbürgermeister Jürgen Weber und Frau Kulturreferentin Dr. Claudia Strobel für die großzügige Benützung der städtischen Fotosammlungen.

Es bleibt zu wünschen, daß der Bildband seinen Zweck erfüllt, nämlich eine faszinierende und bewundernswerte Phase der Würzburger Nachkriegsgeschichte dokumentarisch festzuhalten und der Öffentlichkeit bekannt zu machen.

Angela Rückschloß

SCHÜRER
ZIGARREN
TABAK
Parfümerie
DIETZ
Parfümerie
DIETZ
AB 96-5569

Bild links und Titelbild: In der Domstraße, einem der historisch bedeutsamsten Straßenzüge der Stadt, schließen sich seit 1949 die Baulücken. Die noch vorhandenen Ruinengrundstücke lassen das Ausmaß der Bombardierung Würzburgs am 16. März 1945 erahnen. Symbol des Aufschwungs und des neuen Lebensgefühls wird der VW-Käfer.

Bild oben: Am Kürschnerhof, dem historischen Platz zwischen Dom und Stift Neumünster entsteht 1950/51 das neue Sparkassengebäude. Von der städtischen Planungsbehörde als städtebauliche Großtat propagiert, entfacht der Sparkassenneubau und die damit verbundene Schließung der Hofstraße für den Durchgangsverkehr eine heftige öffentliche Diskussion. Die Kraftfahrer begehren gegen die Sperrung des Fahrverkehrs zwischen Domstraße und Hofstraße auf; andere stören sich daran, daß zwischen den Sakralbauten Dom und Neumünster ein so nüchterner und profaner Bau errichtet werden soll.

Bild oben: Der Blick vom Turm der Marienkapelle zeigt neben der frisch gedeckten Kuppel von Stift Neumünster den am 14. April 1951 feierlich eröffneten Sparkassenneubau. Die Westtürme des Domes tragen noch die provisorischen Flachdächer.

Bild rechts: Verzinsungsabteilung der Sparkasse. Durch die Finanzierung von Wohnungsbau und Industrie- und Gewerbebetrieben leistet die Städtische Sparkasse Beträchtliches für den Wiederaufbau der Stadt. 1957 überschreitet ihre Bilanzsumme bereits 100 Millionen Mark.

CONTINENTAL

SAMEN-NAGENGAST
HAUSHALTWAREN
KAUFHOF

Bild links außen: Zusammen mit den amerikanischen Kollegen präsentiert die Freiwillige Feuerwehr Würzburg im Rahmen einer Aktionswoche am 25. September 1955 auf dem Unteren Markt ihren Rüstkraftwagen mit einem Neun-Tonnen-Kran. Beide Feuerwehren fahren ihre Drehleitern auf 22 Meter Höhe aus; besonderes Interesse finden das große Tanklöschfahrzeug, das zweieinhalb Kubikmeter Wasser zum Brandherd führen kann, und die Bereitschaftswagen für die Mannschaft.

Bild links: Konzert der Bereitschaftspolizei vor der Marienkirche auf dem Marktplatz (Aufnahme vom Januar 1956). Zu Beginn der 50er Jahre wird Würzburg als Standort einer Abteilung der staatlichen Bereitschaftspolizei ausgewählt. Im Februar 1954 bezieht deren III. Abteilung die umgebaute Krafft-von-Delmensingen-Kaserne in der Zellerau.

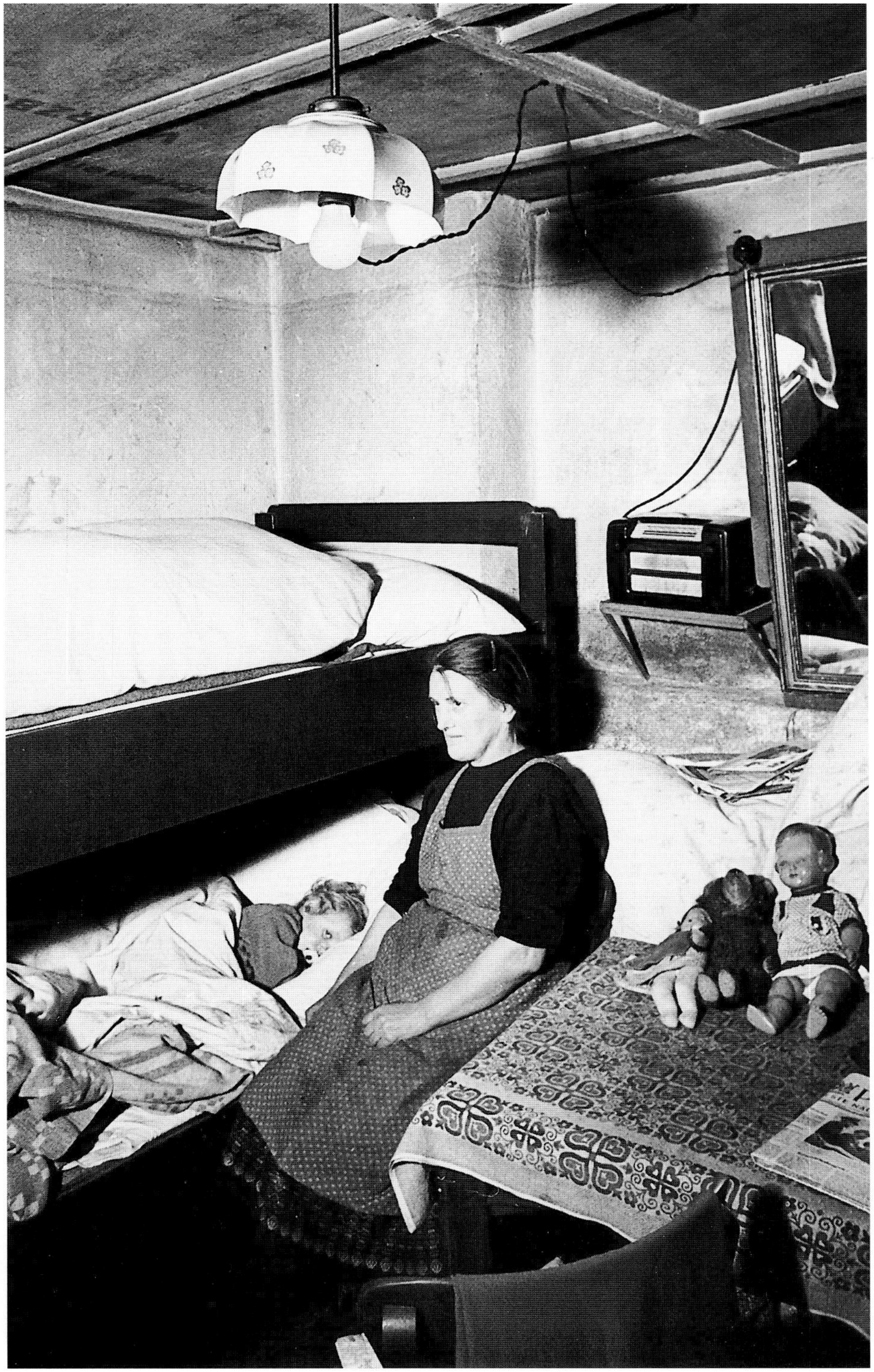

Bild links außen: Blick vom Franziskanerplatz auf die ausgebrannte Ruine der Alten Universität an der Domerschulstraße und den Turm der Neubaukirche (Aufnahme vom Juni 1950). Noch zeugen hohe Schuttberge vom Ausmaß der Zerstörung, erst 1964 ist die Trümmerräumung endgültig abgeschlossen.

Bild links: Der verstärkte Zustrom von Flüchtlingen und Heimatvertriebenen Anfang der 50er Jahre verschärft die Wohnungsnot in der Stadt. Ab 1956 sind zudem Spätaussiedler aus Osteuropa und Flüchtlinge aus der Sowjetischen Besatzungszone unterzubringen. Die Aufnahme zeigt eines der über 700 meist in feuchten Kellern und Baracken untergebrachten Notquartiere, die noch 1955 in der Stadt existieren.

Heimkehrer ohne Heimat: Am 30. September 1953 treffen die ersten Rußlandgefangenen in Würzburg ein. Oberbürgermeister Dr. Franz Stadelmayer (Bildmitte) begrüßt die von den Entbehrungen gezeichneten Männer vor den Huttensälen. Am 5. Oktober werden sie offiziell im Wenzelsaal des Grafeneckart empfangen. Erst rund zwei Jahre später kommen die letzten Spätheimkehrer aus Rußland nach Würzburg zurück.

Mit einem Festessen werden die Heimkehrer begrüßt. Fürsorgeorganisationen betreuen die Männer, denen als Soforthilfe von der Stadt 100 Mark ausbezahlt werden. Die Gewöhnung an das „normale“ Leben fällt den Entwurzelten schwer. Viele von ihnen müssen über lange Zeit, arbeitslos und ohne Familie, in Notquartieren und Übergangswohnheimen leben.

Bild oben: Die Neugestaltung des Bahnhofsvorplatzes zählt zu den bedeutendsten städteplanerischen Projekten der unmittelbaren Nachkriegszeit. 1949 wird anläßlich des Kiliansfestes die historische Kiliansstatue aufgestellt. Ein großer begrünter Platz wird geschaffen, 1957 das gesamte Areal abgesenkt (Aufnahme vom März 1957) und eine Schienenschleife um den Kiliansbrunnen für die Straßenbahnlinie 1 Sanderau–Grombühl gelegt.

Bild rechts: Moderner Wiederaufbau des Hauptbahnhofs: Die Aufnahme von 1960 zeigt den fertiggestellten Bahnhofsvorplatz mit der funktional konzipierten Empfangshalle.

Die Elektrifizierung der Bahnstrecke Würzburg-Nürnberg, die am 2. Oktober 1954 in Betrieb genommen wird, ist von weitreichender Bedeutung für die wirtschaftliche Entwicklung der Mainfrankenmetropole. Der Würzburger Hauptbahnhof wird zu einem der bedeutendsten Eisenbahnknotenpunkte Deutschlands. 1956 werden die Gleisanlagen ausgebaut, die alte Bahnhofsgaststätte fällt der Spitzhacke zum Opfer.

Am 23. Oktober 1953 trifft der modernste Zug der Deutschen Bundesbahn, der Leichtmetall-Gliedertriebzug, in Würzburg ein. Dieser wiegt 100 Tonnen und erreicht eine Höchstgeschwindigkeit von 180 Stundenkilometern.

1961 hat der Würzburger Hauptbahnhof die meisten täglichen Kurswagenumstellungen in der Bundesrepublik zu verzeichnen.

Nie zuvor hat die Stadt eine solche Ansammlung von Kraftfahrzeugen erlebt. Über tausend Autos und Motorräder finden sich am 19. Juli 1953 bei der Großveranstaltung zu Ehren des hl. Christophorus auf dem Residenzplatz ein, die der ADAC und der Bund der Katholischen Deutschen Jugend veranstalten.

Für die Würzburger Kriegswaisen veranstaltet der ADAC Ortsclub am Palmsonntag 1955 eine Ausflugsfahrt zum „Osterhasen“. 175 Waisenkinder aus dem Vinzentinum, dem Elisabethenheim, der Marienanstalt, der Wickenmayerschen Stiftung und dem Evangelischen Waisenhaus verleben in der Wohlfahrtsmühle im Erftal einen ereignisreichen Tag.

Bild links: Christophorus-Sternfahrt 1953: Die stolzen Kfz-Besitzer – das eigene Auto wird Statussymbol in der Zeit des Wirtschaftswunders – defilieren an der Würzburger Bevölkerung vorbei. Bei der Vorbeifahrt am Neumünster segnet Bischof Dr. Julius Döpfner vor dem Portal der Neumünsterkirche die Fahrzeuge.

Bild oben: Der Besuch der Miss Germany des Jahres 1956, Margit Nünke, hier im Mercedes-Cabriolet auf dem Oberen Markt, am 23. März 1956 verursacht einen solchen Menschenauflauf, daß das Überfallkommando eingreifen muß.

Das erste Floß der Saison, von Marktbreit kommend, wird in der Schleuse festgemacht. In der Floßhütte wohnt die Besatzung, kurz vor der Alten Mainbrücke ist der Schleppkahn zu sehen, der das Floß durch die Staustufen zieht (Aufnahme vom Mai 1956). Noch 1946 wurde aus Floßholz das provisorische Dach zum Schutz des Tiepolo-Deckenfreskos in der Residenz errichtet. In den 50er Jahren geht die Mainflößerei, verursacht durch die Mainkanalisierung und das damit verbundene mühsame Passieren der vielen Staustufen, jedoch unaufhaltsam dem Ende zu. Im Frühjahr 1958 wird der letzte Flößerzug im Frankenwald zusammengestellt.

Hochwasser 1956. Anfang März des Jahres kommt es wegen der plötzlich einsetzenden frühlingshaften Witterung im ganzen Rhein-Main-Donau-Gebiet zu einer Hochwasserkatastrophe. Ein kilometerlanger Strom von losen Eisschollen schiebt sich auf Würzburg zu. Das ganze Mainufer entlang des Stadtgebietes wird überflutet. Die Anwohner können ihre Häuser nur noch über Stege erreichen.

Bild links: Der Ausbau der Schleuse innerhalb der neuen Rhein-Main-Donau-Großschiffahrtsstraße im sensiblen Bereich unterhalb der Festung Marienberg war das erste große Projekt des Stadtplanungsamtes. Obwohl die Burkarder Bastion und das linksmainische Ufer erheblich zurückverlegt werden mußten, gelingt es, die Gesamtanlage unauffällig in das historische Bild des Mainviertels einzufügen.

Bild oben: Vier Wochen Zeit erfordert die Montage und Inbetriebnahme der neuen Schleusentore, von denen ein Flügel 16 Tonnen wiegt, an den Pfeilern der Alten Mainbrücke. Die notwendigen technischen Einrichtungen sind so integriert, daß sie von außen kaum sichtbar sind (Aufnahme vom Oktober 1953).

Bild oben: Unter großem Beifall der Würzburger Bevölkerung passiert am 19. Juni 1954 das erste Schiff die neue Schleuse.

Bild rechts: Am 5. Juli 1954 wird die Großschleuse offiziell eröffnet. Bundesverkehrsminister Dr. Hans-Christoph Seebohm durchschneidet das Band, links ist der bayerische Wirtschaftsminister Dr. Hanns Seidel zu sehen.

MAINZ

Bild oben: Im Rahmen eines internationalen Schwerkriegsbeschädigten-Austausches halten sich 18 Finnen zu Besuch in Würzburg auf. Die Aufnahme vom 21. Mai 1955 zeigt die Gruppe beim Gang durch die Stadt vor dem Alten Kranen.

Bild rechts: Eine Wäscherin am Main gönnt sich eine Ruhepause. Eine alte Würzburger Einrichtung sind die am Mainkai festgemachten städtischen Waschschiffe. Sie sind seit 1900 in Gebrauch, werden aber 1964 unter vehementen Protesten der Bevölkerung aufgrund der zunehmenden Verschmutzung des Mainwassers abgeschafft (Aufnahme vom August 1956).

Die 1200-Jahr-Feier des Bistums Würzburg, die 1942 kriegsbedingt ausgefallen war, wird 1952 nachgeholt und mit den Feierlichkeiten zur Erhebung der Kiliansreliquien vor 1200 Jahren begangen. Den Kilianifahrern aus dem thüringischen Teil der Diözese wird die Ausreise verweigert. Unter der Regie von Museumsleiter Dr. Max H. von Freeden findet die große Ausstellung „Franconia Sacra“ im Mainfränkischen Museum statt, die auch von Bundespräsident Dr. Heuß besucht wird. Am ausgebrannten Würzburger Dom vorbei zieht am Sonntag, dem 13. Juli 1952, die feierliche Reliquienprozession mit den Häuptern der Frankenapostel zum Festgottesdienst auf den Residenzplatz.

1200-Jahrfeier 1952: Die Bayerische Staatsregierung, an ihrer Spitze Ministerpräsident Dr. Hans Ehard (zweiter von links, rechts daneben Minister Dr. Dr. Alois Hundhammer), nimmt geschlossen an der Reliquienprozession, hier auf dem Weg zum Residenzplatz, teil.

Bild links: 1200-Jahrfeier 1952: Der Apostolische Nuntius Dr. Aloys Muench zelebriert am Freialtar auf dem Residenzplatz das Pontifikalamt, an dem 50 000 Gläubige teilnehmen.

Bild rechts: Kreuzbergwallfahrt 1954. Die Wall-Leut' sind wieder daheim, heißt es, wenn die Kreuzbruderschaft am 24. August nach fünftägigem Fußmarsch in Würzburg ankommt. Im Bild die Wallfahrer auf dem Weg durch den Kürschnerhof zum Neumünster, an der Spitze der langjährige Pilgerführer Eucharius Dechant mit Stab und rotem Mantel.

Auf der Reise zum Katholikentag machen die Reliquien des hl. Franz v. Assisi mit päpstlicher Genehmigung am 28. August 1956 in Würzburg halt. Sie werden vor dem Portal der Hofkirche von Bischof Dr. Julius Döpfner, dem Domkapitel und den Angehörigen sämtlicher Würzburger Orden empfangen. Im Bild: Franziskanermönche tragen den versiegelten Schrein, in der Monstranz befindet sich der Segensbrief des Heiligen an seinen Mitbruder Leo. In feierlicher Lichterprozession werden die Reliquien vom Residenzplatz zur Franziskanerkirche getragen, wo sie anläßlich des Tertiarentages zur Verehrung ausgestellt werden.

Fronleichnam 1950. Bei hochsommerlichen Temperaturen zieht die große Prozession am 10. Juni erstmals wieder seit dem Krieg auf dem traditionellen Weg durch die Innenstadt, vom Neumünster vorbei am Rathaus zur Juliuspromenade, von dort zum Residenzplatz, zur Neubaustraße und schließlich wieder zum Rathaus. Bischof Dr. Julius Döpfner trägt das Allerheiligste, der Himmel wird von Polizisten eskortiert. Mit im Zug sind unter anderen Regierungspräsident Dr. Adolf Körner, der Rektor der Universität Würzburg, Prof. Dr. Ernst Rößer, und Oberbürgermeister Dr. Franz Stadelmayer.

Bild oben und Mitte: Der in der Bombennacht am 16. März 1945 nur teilweise beschädigte Grafeneckartturm des Rathauses wird 1950 wieder in seinen ursprünglichen Zustand versetzt. Am 1. Juni wird die alte Stundenschlagglocke, die 1506 gegossen und glücklicherweise in der Brandnacht nicht zerstört wurde, wieder in den Grafeneckart aufgezogen - für viele Würzburger ein symbolischer Akt. Am 20. Juni wird der Turmknopf auf den streng nach historischen Vorlagen neu errichteten Helm aufgesetzt.

Bild rechts außen: Wiederaufbau des Domes: Am 17. Oktober 1952 wird am Dom Richtfest gefeiert. Am 5. Oktober 1955 fügen Zimmerleute der Firma Hering auf dem Südostturm die Langbalken für die erste Turmspitze zusammen. Erst am 6. Mai 1967 wird der Dom mit der Weihe der Altäre wieder für den Gottesdienst geöffnet. Bis dahin dient das Neumünster als vorläufige Kathedralkirche des Bischofs und Stiftskirche des Domkapitels.

KOFFER-SANS

Bild links außen: Zehn Jahre nach ihrer Zerstörung hat sich die Domstraße wieder zu einer der Hauptgeschäftsstraßen der Stadt entwickelt. 1955 erhält die Südflanke ein völlig neues Gesicht. Die Firma Kupsch, die 1945 mit einem Behelfsladen in einem Möbelwagen den Neubeginn wagte, errichtet hier das größte Lebensmittelgeschäft Unterfrankens. In Gemeinschaft mit der Herrenbekleidungsfirma Severin wird eine moderne Ladenpassagen-Anlage gebaut (im Vordergrund). Weiter oben an der Ecke Domstraße/Sternplatz ist das ebenfalls im Bau befindliche Geschäftshaus des 1949 gegründeten Arena-Verlages, einer der größten Jugendbuch-Verlage Deutschlands, zu sehen (Aufnahme vom August 1955).

Bild links: Am 24. August, wenn die Kreuzbergwallfahrer zurückkehren, hat die Semmelstraße mit der Feier der Zwiebelkirchweih ihren großen Tag. Hauptattribut der „Zwiebelkirwe“, die zum ersten Mal seit dem Krieg 1949 wieder gefeiert wird, ist der warme Zwiebelkuchen, der vor fast jedem Hauseingang verkauft wird. Ursprünglich war der Kuchen als Labung für die Pilger gedacht (Aufnahme vom 24. August 1953).

Bild links: Die Bundespost wirbt 1955 in einer groß angelegten Werbeaktion für die Einrichtung von Hausbriefkästen. Laut Statistik werden in Würzburg täglich zwischen 70.000 und 80.000 Briefsendungen zugestellt, jeder Briefträger hat täglich 600 bis 800 Briefe auszutragen. Im Zustellbezirk Sanderau zum Beispiel muß er dazu eine Wegstrecke von 12,5 Kilometern zurücklegen und mit seiner 30 Pfund schweren Tasche 209 Stockwerktreppen mit je 20 bis 25 Stufen bewältigen.

Bild oben: Die Würzburger Polizei wird den neuen Erfordernissen der Zeit angepaßt. 1955 wird ein neuer, von der Karosseriefabrik Voll auf das modernste ausgestatteter Wagen für das Überfallkommando angeschafft. Auf dem Gelände des

ehemaligen Alten Gymnasiums an der Augustinerstraße errichtet die Stadt bis Juli 1958 ein neues zentrales Polizeigebäude.

Bild rechts: Würzburger Spezialitäten: Im Heidingsfelder Reuterskeller besorgt der Wirt Josef Ernst (im Bild, Aufnahme vom November 1955) persönlich die Zusammenstellung der „Würzburger Schlachtschüssel“, die seit Jahrzehnten Tradition und Liebhaber im In- und Ausland hat. Die Zutaten der opulenten Spezialität sind Brat- und Leberwürstli, „Knäudele“ – besonders gute Blutwürste im Schweinsdarm – Kesselfleisch, Kraut und Kartoffeln. Dosen mit „blutfrischer“ Wurst werden 1955 bis nach Amerika und Argentinien verschickt.

Bundespräsident Dr. Theodor Heuß auf Stippvisite in der Domstadt. Der Verehrer fränkischer Kunst und Architektur nutzt jede Gelegenheit zu einem Besuch des Mainfränkischen Museums. Am 23. Mai 1955 besichtigt er die 1954 fertiggestellte St.-Alfons-Kirche auf der Keesburg, ein Werk Dombaumeister Hans Schädels, mit dem Altarbild Georg Meistermanns. Das Gotteshaus ist eine der ersten modernen Kirchen im Bistum, im Volksmund wird sie „Sprungschanze Christi" genannt. Das Bild zeigt den Bundespräsidenten auf der Fahrt mit Oberbürgermeister Dr. Franz Stadelmayer im offenen Wagen von der Festung zur Kirche St. Alfons. 1960 wird der in Würzburg äußerst beliebte Altbundespräsident mit dem „Goldenen Stadtsiegel" geehrt.

Die neue Empfangshalle des Würzburger Hauptbahnhofes wird am 2. Oktober 1954 ihrer Bestimmung übergeben. Der nach modernsten Gesichtspunkten gestaltete 60 Meter lange Haupttrakt besteht auf der Südseite aus einer einzigen großen Fensterfront. Die gegenüberliegende, mit Solnhofener Platten verkleidete Längsfront wurde von dem Eichstätter Kunstmaler Alois Wünsche-Mitteregger mit Motiven aus dem Bereich der Bahn gestaltet. Die Seitenflügel schmücken Arbeiten aus Bronzedrähten des Randersackerer Künstlers Julius Bausewein.

Bild links: Der neue Omnibusbahnhof wird am 6. Juli 1955 offiziell in Betrieb genommen. Damit ist eine weitere Etappe im Ausbau des Bahnhofsgeländes erreicht. Die westlich des Bahnhofsvorplatzes im Ringpark geschaffene Anlage besteht aus sieben Verkehrsinseln mit fünf Bahnsteigen für Straßenbahnbusse und zwei Inseln für sechs Privatunternehmer.

Bild oben: Ansturm auf die Kfz-Zulassungsstelle im Rathaus im April 1956: Die wachsende Motorisierung ist Ausdruck zunehmenden Wohlstands, bringt der Stadt jedoch neue Verkehrsprobleme. Parkuhren müssen aufgestellt und neue Verkehrsregelungen getroffen werden. Die Verkehrserziehung wird eingeführt.

Bild oben: Der bundesweite wirtschaftliche Aufschwung erfaßt auch die heimische Industrie. Das auf Wagenaufbauten spezialisierte Karosseriewerk Voll in Heidingsfeld stellt 1954 einen neuartigen, im Auftrag des Göttinger Filmproduzenten Hans Domnick (links im Bild bei der Fahrzeugtaufe) gebauten Tonfilmaufnahmewagen vor, den einzigen dieser Art in Europa.

Bild rechts: Die Schnellpressenfabrik Koenig & Bauer liefert 1955 die größte bislang in Deutschland gebaute Tiefdruckrotationsmaschine für die Herstellung ein- oder mehrfarbiger illustrierter Zeitschriften mit dem Maschinennamen Malmö in die gleichnamige schwedische Stadt. Im Vordergrund von links: Montagemeister Josef Schäfer, der Konstrukteur der Maschine, Oberingenieur Curt Werner, , Fabrikdirektor Dr. Fritz Pels Leusden, Vertreter Lotzbeck, dahinter Monteur Schlötter, Konstrukteur Müller, der Meister der Montageabteilung Heckelmann, Verkaufsleiter Fach und der Leiter der Druckerei Lang in Paris Philip.

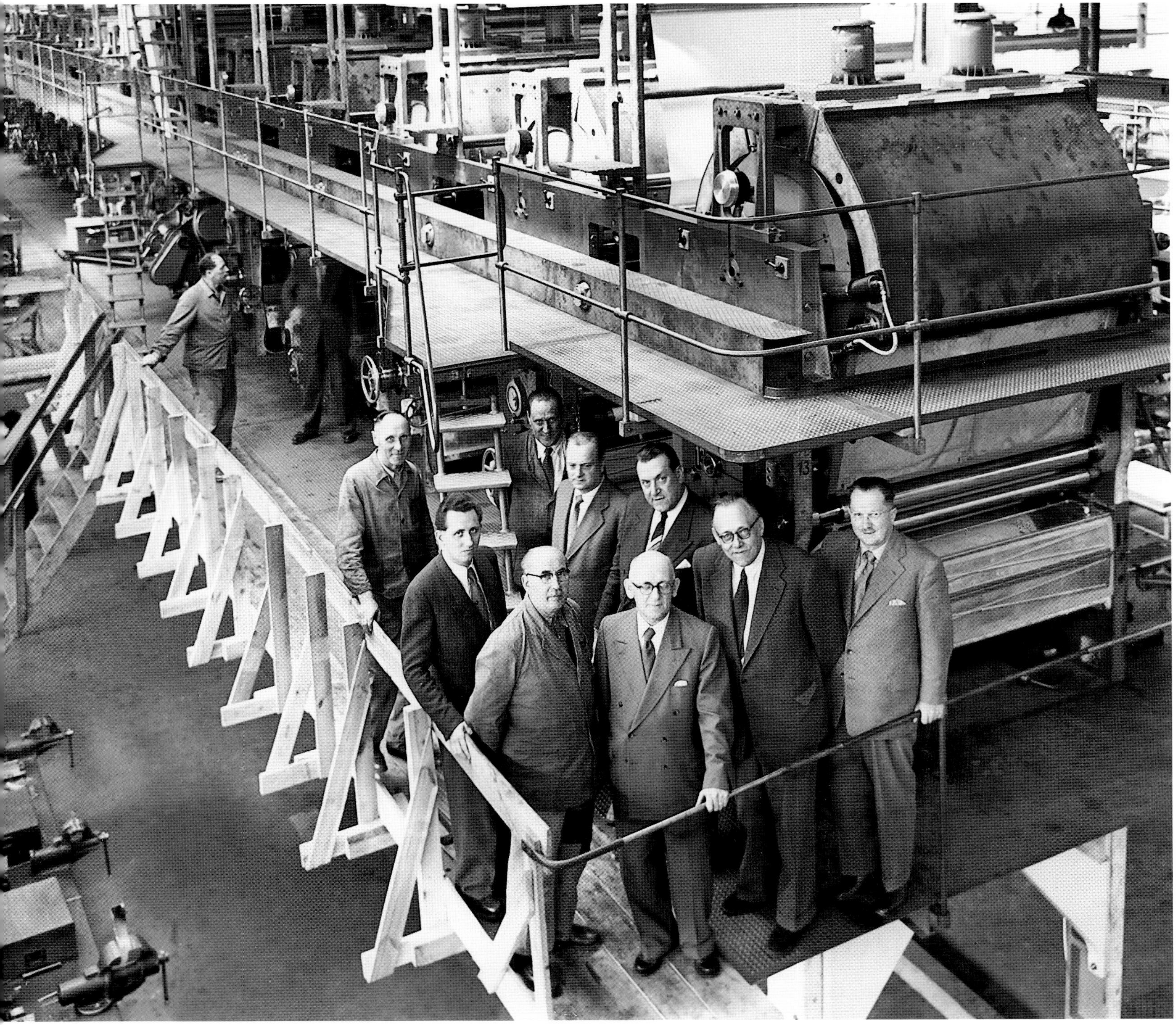

Das drückende Problem der Wohnungsbeschlagnahmen durch die Besatzungsmacht wird ab 1951 durch Verhandlungen über ein Austauschwohnungsprogramm angegangen. Im September 1953 erfolgt der erste Spatenstich für den Bau eines Wohnblocks mit 24 Wohnungen auf dem Flugplatz Galgenberg, die von US-Familien bezogen werden sollen. Im gleichen Umfang wird Wohnraum für „Besatzungsverdrängte" freigegeben.

Am 1. Juli 1954 findet die offizielle Schlüsselübergabe für den neuen Wohnblock der US-Familien statt. Von links: H. Haas vom Würzburger US-Verbindungsbüro, US-General Thomas W. Herren beim Durchschneiden des Bandes vor dem Hauseingang des Wohnblocks, Oberbürgermeister Dr. Franz Stadelmayer und Staatssekretär Dr. Richard Ringelmann bei der Schlüsselübergabe.

Bild oben und rechts: Am 10. Juni 1960 wird der als Ring angelegte Berliner Platz nach siebenmonatiger Bauzeit für den Verkehr freigegeben. Die größte städtische Verkehrsplanung der Nachkriegszeit beschäftigt jahrelang die Experten und beschert den Würzburger Autofahrern den ersten Kreisverkehr.

Esso
Esso

Bild oben: Würzburg erreicht 1955 wie schon einmal Ende der 30er Jahre die Großstadtgrenze und wird damit die 51. Großstadt der Bundesrepublik und die sechste Bayerns. Am 8. Oktober registriert der Verwaltungsangestellte Emil Endres (im Bild) den Außenbürger Ludwig Stöhr als 100.000. Einwohner Würzburgs.

Bild rechts: Im Fischraum der „Schiffbäuerin“ können die Gäste ihre Mahlzeit selbst auswählen (Aufnahme vom November 1955). Neben den Meefischli, den „Sardinen des Mains“, werden Flußfische wie Karpfen, Hecht und Aal serviert. Die Namenspatronin des Fischlokals, die Schiffbauerswitwe Dorothea Heilmann, hatte im Haus Katzengasse 7 zwischen 1841 und 1849 zunächst eine Weinwirtschaft gegründet, die im Lauf der Jahre zu einem weit über Würzburgs Grenzen hinaus bekannten Spezialitätenrestaurant gedieh. Das 1625 errichtete Fachwerkhaus wurde am 16. März 1945 völlig zerstört. Der Wiederaufbau der Fassade 1954 gilt als Musterbeispiel für idealisiertes Würzburger Nachkriegsfachwerk.

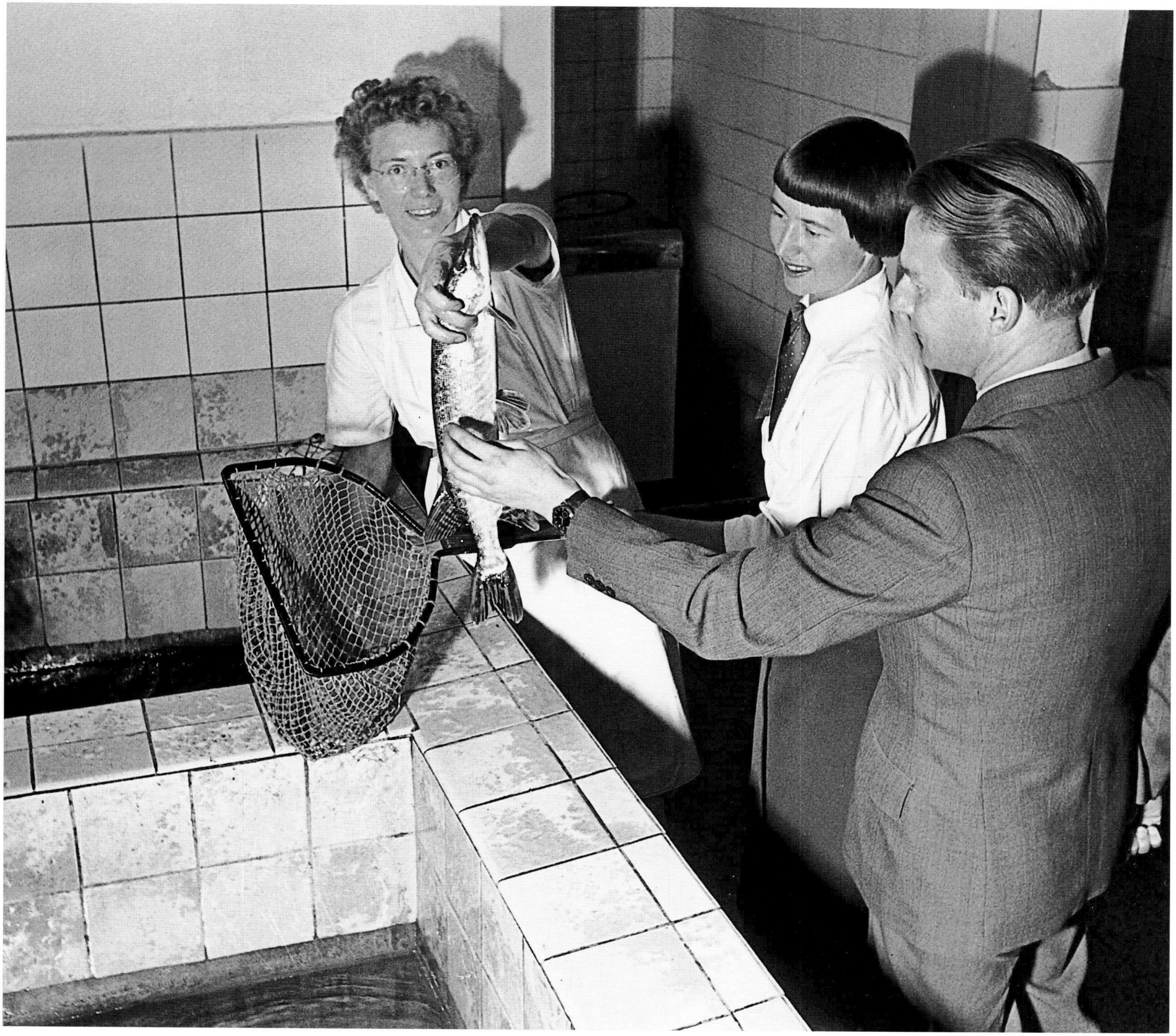

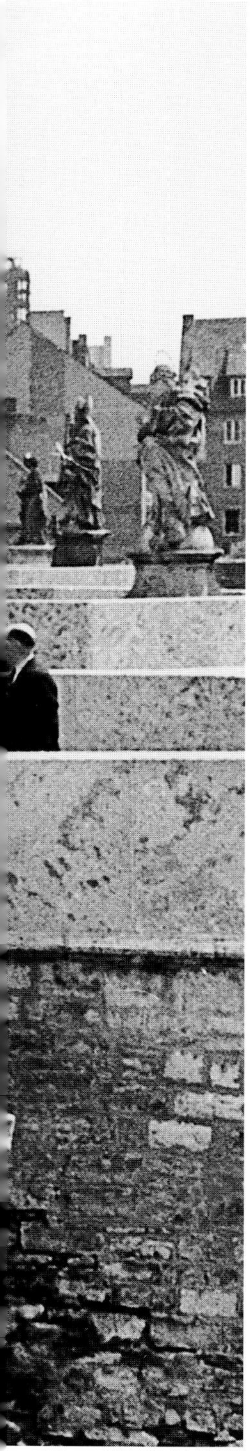

Bild links außen: Zum 925jährigen Bestehen des Kilianivolksfestes wird 1955 der Brauch des Fischerstechens wiederbelebt. Am Sonntag, den 10. Juli, ziehen die Stecher und Ruderer in ihren historischen Anzügen, die Stangen und Ruder geschultert, über die Alte Mainbrücke. Das Stechen auf dem Main wird von der Fischerzunft zusammen mit der Stadtverwaltung veranstaltet. Der Brauch des Fischerstechens, das bereits seit Anfang des 16. Jahrhunderts in der Zunftordnung verankert ist, wurde zur Zeit der Fürstbischöfe von den Fischern als Recht und Verpflichtung dem Landesherrn gegenüber ausgeübt.

Bild links: Kilianivolksfest Juli 1955: Junge Besucher beobachten die Ankunft der Zeppeline, mit denen der „Weltflug" über den Messeplatz angetreten werden kann.

NESTLE
NESTLE

OPEL
OPEL
ERT SAALMÜLLER
RADIO·ELEKT
FULDA-M
PFISTER
HANOM
GRAMPP & W
S Gg.v.OPEL & CO.
OPEL

3. Mainfranken-Messe 1955. Die traditionell während des Kilianifestes stattfindende Verkaufsmesse wird 1949 erstmals nach Kriegsende wieder auf dem Viehmarkt abgehalten und 1950 auf ein neues Festplatz- und Messegelände unterhalb der Friedensbrücke verlegt. Vom 7. bis 16. Juli 1950 veranstaltet die Stadt in eigener Regie die 1. Mainfranken-Messe, eine gezielte städtische Maßnahme zur Wirtschaftsförderung. Das *Bild links außen* zeigt Messeleiter Bürgermeister Otto Stein mit einem Jungen auf den Schultern, dem 3.000. Besucher des Nestle-Kindergartens, eines von der Firma Nestle für die Messe entlang der Jahn-Terrassen angelegten 3.000 Quadratmeter großen Kinderparadieses. Blick auf das Messegelände (*Bild links*).

Bild oben links: Die Neubelebung des Bayerischen Staatskonservatoriums der Musik 1947 und die Wiederaufnahme des Mozartfestes 1951 prägen das Musikleben der Stadt. 1954 feiert das Würzburger Staatskonservatorium, das älteste Musikerziehungsinstitut Deutschlands, sein 150jähriges Jubiläum. Hier die Aufnahme eines Konzertes des Würzburger Bachtrios im Kaisersaal der Residenz, bestehend aus den Studienprofessoren (von links) Karl Bender, Herman Zanke und Heinz Knettel im September 1954.

Bild oben: Musikbegeisterte Würzburger aus allen Berufsschichten haben

das „Kammerorchester Würzburger Musikfreunde“ gegründet. Im Bild das Laienorchester mit Dirigent Heiner Nickles, einem Schüler Hermann Zilchers, bei der wöchentlichen Probe in der Schillerschule (Aufnahme vom Juni 1955).

Bild oben: Eine totale Sonnenfinsternis am 30. Juni 1954 ist die Sensation des Tages. Durch berußte Gläser beobachten die Schüler der Goetheschule das Phänomen.

Bild rechts: Würzburger St.-Georgs-Pfadfinder bescheren Bedürftige zum Weihnachtsfest 1954.

Die nach Kriegsende in den unterfränkischen Raum evakuierten, rückkehrwilligen Würzburger Bürger, die sogenannten Außenbürger, werden von einer eigens zu diesem Zweck 1951 eingerichteten städtischen Betreuungsstelle versorgt. Zu den seit 1951 regelmäßig stattfindenden Außenbürgertagen, hier eine Aufnahme vom Außenbürgertag im August 1956, kommen tausende Evakuierte als Gäste in die Stadt. 1960 warten noch 4.000 Evakuierte auf die Rückführung in ihre Heimatstadt.

Tuberkulosebekämpfung 1954. Im Bild die neueste fahrbare Röntgenschirmbildstelle der Regierung von Unterfranken. 1954 wird eine Tbc-Abteilung an die Lungenchirurgische Universitätsklinik angebaut. 1946 starben noch 629 Menschen in Würzburg an Tuberkulose, 1950 werden in Unterfranken noch 1.975 offene Tbc-Fälle registriert. Bis zur Mitte der 50er Jahre kann die Krankheit weitgehend eingedämmt werden.

Das neue Dallenberg-Freibad – die Aufnahme zeigt die Bauarbeiten an der Wasserrutsche im September 1955 – ersetzt die alten Mainbäder. Bereits 1948 mußte das Riedinsel-Bad wegen Verseuchung des Wassers durch Kolibakterien geschlossen werden. In der Folge wurde die Bevölkerung öffentlich vor dem Baden im Main gewarnt, da sich durch das vermehrte Einleiten von Abwässern die Wasserqualität rapide verschlechtert hatte. Die Polizei mußte schließlich das Baden im offenen Main innerhalb des Stadtgebietes verbieten. Die letzte Badesaison im Hügelsbad war im Jahr 1952.

Das nach den Plänen des Leiters des Stadtplanungsamtes, Paul Heinrich Otte, erbaute Dallenbergbad wird am 16. Juli 1956 durch Oberbürgermeister Dr. Franz Stadelmayer eröffnet. Links im Bild die Mädchen des 1955 gegründeten Wasserballetts des Schwimmvereins Würzburg 05, das zu diesem Anlaß auftritt.

Bild links: Getreideernte auf schwierigem Gelände am Stadtrand oberhalb von St. Barbara; Blick vom Hang auf die Heimgarten-Siedlung (Aufnahme vom August 1955). Das Getreide wird noch mit dem seit den 30er Jahren gebräuchlichen Bindemäher in der Vollreife gemäht und in Garben gebunden zum Trocknen aufgestellt. Die bereits getrockneten Garben werden – hier im Bild – auf den Leiterwagen geladen. Mit dem Aufkommen der ersten Mähdrescher 1956/57 ändert sich die Ernteweise völlig. Mähen und Dreschen des nun totreifen Getreides findet in einem Arbeitsgang auf dem Feld statt.

Bild rechts: Wiederaufbau im Stadtteil Heidingsfeld. Obwohl Heidingsfeld durch den Bombenangriff am 16. März 1945 zu 85 Prozent zerstört wurde, blieb die mittelalterliche Stadtbefestigung größtenteils erhalten. Im Februar 1950 erarbeitet das Stadtplanungsamt einen Aufbauplan für die zerstörte Altstadt, dessen Ziel es ist, die dem Stadtbild eigentümliche Zweiteilung durch den Zwischengemäuerbach zu erhalten, was auch gelingt. Um die Hochwassergefahr zu bannen, wird 1958 die Klosterstraße erhöht. Der Blick durch das Speierloch auf den befestigten Zwischengemäuerbach zeigt im Hintergrund das Marktbrückle, Rathausplatz und Klosterstraße 1956.

Vom Fraternisierungsverbot zum Miteinander: Deutsche und Amerikaner feiern gemeinsam 1956 das Weihnachtsfest. Der Kommandeur der 10. US-Infanteriedivision, Brigadegeneral Donald B. Harriott, hat die deutsche Bevölkerung zu einer Feier auf den Marktplatz eingeladen. Unter den Gästen befinden sich auch Regierungspräsident Prof. Dr. Josef Hölzl und Oberbürgermeister Dr. Helmuth Zimmerer. Im Bild tragen US-Soldaten, begleitet von ihrem Orchester, deutsche Weihnachtslieder vor.

Weihnachten 1955 bei den Mainschiffern. Seit 1941 war Würzburg der Endpunkt der Großschiffahrt am Main. Die Weiterführung der Großschiffahrtsstraße, durch die Eröffnung der neuen Schleuse 1954 möglich geworden, begünstigt durch die Herstellung der Verbindung zur Donau die Entwicklung des Industrie- und Wirtschaftsgebietes am Untermain. Der Umschlagsverkehr im Würzburger Hafen wird zum bedeutenden Wirtschaftsfaktor.

Das Motorlastschiff „Väth 9“ der Würzburger Reederei Väth, unterwegs nach Holland, ist unterhalb der Schleuse am Rand der ausgebaggerten Fahrrinne auf Grund gelaufen und steht quer. Um das Schiff wieder manövrierfähig zu machen, wird durch das Öffnen der Floßgasse der Wasserspiegel erhöht. Im Bild versuchen das Motorschiff „Ilse“ und der Schlepper „Woglinde“ den Frachter wieder flottzumachen. Im Hintergrund sind die neuen Wohnblocks des im Wiederaufbau begriffenen Stadtteils Zellerau zu sehen (Aufnahme vom 30. Dezember 1956).

Die Gesamtansicht der Würzburger Innenstadt, aufgenommen in der ersten Hälfte der 50er Jahre, zeugt vom beginnenden Wiederaufbau in der Stadt. Die historischen Gebäude sind baulich gesichert, teilweise schon wiedererrichtet und neu gedeckt. Baulücken werden bereits geschlossen. Im schwer zerstörten rechtsmainischen Uferbereich und in der Altstadt sind noch größere Ruinengrundstücke zu sehen.

Auch im südlichen Teil der Innenstadt sind fast alle Straßen und Grundstücke vom Schutt geräumt. Viele Fassaden können erhalten werden, doch zwingt die Wohnungsnot zur raschen Errichtung von modernen Wohnblocks, die jedoch weitgehend in das historische Ensemble integriert werden können. Die Stadtrandbesiedlung hat noch nicht begonnen.

Literaturverzeichnis

Brod, Walter M., Aus der Geschichte des Fischerstechens in Franken, in: Mainfränkisches Jahrbuch für Kunst und Geschichte Band 20, Würzburg 1968, S. 347-351.

Dettelbacher, Werner, Zu Gast im alten Würzburg, Würzburg 1993.

Fränkisches Volksblatt Jahrgang 1952-1960.

Freeden, Max H. von, Würzburg. Amtlicher Führer, Würzburg 1975.

Heer, Hans, Würzburg - erlebt, gesehen, fotografiert in 40 Jahren. Augen-Blicke mit der Kamera, Würzburg 1993.

Heiler, Thomas, Der Grafeneckart. Zur Geschichte des Würzburger Rathauses, Schriften des Stadtarchivs Würzburg Heft 1, hrsg. v. Ulrich Wagner, Würzburg 1986.

Herold, Alfred, Würzburg. Analyse einer Städtelandschaft, Berichte zur deutschen Landeskunde 35, Bad Godesberg 1965.

Jauernig-Hofmann, Birgit und Heidrich, Herman, Der ganze Main war hölzern. Eine Ethnographie der Flößerei, Schriften und Kataloge des Fränkischen Freilandmuseums Band 20, Bad Windsheim 1993.

Mälzer, Gottfried, Alt-Würzburg, einst und jetzt, Würzburg 1995.

Main-Post Jahrgang 1950-1960.

Memminger, Hans, Würzburgs Straßen und Bauten. Ein Beitrag zur Heimatkunde, 3. Auflage, Würzburg 1923.

Naumann, Thomas, Die Würzburger Straßenbahn, Würzburg 1992.

Obst, Walter, Heidingsfeld. Das Städtle in der Stadt, Würzburg 1976.

Oppelt, Hans, Würzburger Chronik des Wiederaufbaues 1945-1975, Würzburg 1982.

Otte, Paul Heinrich, Aufbau Würzburg. Dokumentation des Planungsgeschehens 1936-1982, Würzburg 1982.

Paczkowski, Jörg, Der Wiederaufbau der Stadt Würzburg nach 1945, Mainfränkische Studien Band 30, Würzburg 1982.

Reitberger, Heiner, Das alte Würzburg, Würzburg 1977.

Rottenbach, Bruno, Würzburger Straßennamen, Band I und II, Würzburg 1967/69.

Ders., Würzburg – ehemals, gestern und heute. Eine Stadt im Wandel der letzten 60 Jahre, Stuttgart 1982.

Seberich, Franz, Die Stadtbefestigung Würzburgs, II. Teil: Die neuzeitliche Umwallung, Mainfränkische Hefte 40, Würzburg 1963.

Süß, Peter A., Das alte Würzburg, Würzburg 1995.

Ders., Würzburg. Der offizielle Stadtführer, Würzburg 1995.

Wittstadt, Klaus, Würzburger Bischöfe 742-1979, Würzburg 1979.

Zimmerer, Helmuth, Würzburg. Aufstieg einer zerstörten Stadt, Würzburg 1982.

Koenig & Bauer AG (Hrsg.), 175 Jahre Koenig & Bauer AG, Würzburg 1992.